LETTRES
PATRIOTIQUES

D'UN GARDE NATIONAL

PREMIÈRE

AU MINISTRE DU COMMERCE

Janvier 1871

PARIS

IMPRIMERIE CENTRALE DES CHEMINS DE FER

A. CHAIX ET Cie

RUE BERGÈRE, 20, PRÈS DU BOULEVARD MONTMARTRE

1871

A

Augustine B..... ma femme,

Alice-Valérie \
Lucie-Gabrielle } *mes trois filles,* \
Olga-Isabelle

Ce souvenir de votre absence,
Cette trace de mes angoisses,
Cet hommage à notre pays.

Chère Femme,

Voilà quatre mois que nous sommes enfermés dans la Capitale, quatre longs mois que je suis privé de vos nouvelles. En attendant, l'ennemi a envahi et le berceau de ma famille et l'héritage de nos enfants.

A dater d'aujourd'hui, les Sédentaires sont assimilés aux Mobilisés. C'est justice. Je vais donc pouvoir marcher avec eux.

Tu connais ma pensée intime : Vivre pour votre bonheur ou mourir pour la France.

Si je ne dois plus revoir, chère Compagne de ma vie, l'objet de mes plus douces affections, tu expliqueras, n'est-ce pas, à nos Enfants, quand elles seront en âge de comprendre :

Que celui-là ne meurt pas,
Qui meurt pour la patrie!

A VOUS DE CŒUR,

Celui qui vous aime tendrement,

A. B.

Paris bombardé, 18 Janvier 1871.

LETTRES

PATRIOTIQUES

D'UN GARDE NATIONAL

PREMIÈRE

AU MINISTRE DU COMMERCE

Bastion 26 du 3ᵉ Secteur.

I

En temps de paix, l'être qui naît constitue un élément dont profite, sauf exception, le mouvement croissant de la prospérité nationale.

En temps de guerre, l'homme qui meurt réduit d'un élément la force, sinon la durée, de cette même prospérité.

De ces causes physiologiques découlent la plupart des compétitions internationales.

Quand l'Europe tolère un acharnement sauvage comme celui qu'offre la France envahie, l'invasion ne saurait s'arrêter à la limite guerrière, ni l'envahisseur à la seule gloire des armes.

Encouragé par cette tolérance sans exemple, celui qui se croit l'arbitre de nos destinées convie déjà ses peuples aux conséquences économiques de son audacieuse entreprise.

Terrible est la lutte de la guerre ; acharnée sera la lutte de la paix. Nous subissons de dures épreuves pour n'avoir pas prévu la première. Ne retombons pas dans ce piége en négligeant de nous préparer à la seconde.

Et en nous défendant à outrance, comme tout bon Français doit faire, apprêtons d'autres armes encore, à savoir : celles du travail.

Souffrez que je vous dise, comme citoyen plutôt que comme soldat : Patrons et ouvriers, *prenez garde à vous !*

La chose publique n'a de pire ennemi que le chômage industriel : léthargie manufacturière qui paralyse l'activité de l'ouvrier et du patron, le mouvement de la production et de l'exportation.

Après notre catastrophe, qui ne sera qu'une éclipse, — le soleil n'a-t-il pas les siennes sans cesser d'éclairer le monde ? — après la guerre des deux compères, Guillaume et Napoléon, la suprématie appartiendra à celui des deux peuples qui recouvrera le plus vite ses conditions économiques. Or, les Allemands se flattent d'obtenir cette priorité.

Notre anéantissement matériel ne résume-t-il pas leur programme des compensations (*Entchädigung's Plan*) ? Cette ruine en expectative, les confidents du comte de Bismark, le Ministre de Euler et le Conseiller Delbruck, l'offrent depuis six mois déjà, comme une panacée consolatrice, aux femmes comme aux sœurs, aux parents comme aux enfants des combattants ; aux champs en friche et aux ateliers qui chôment ; aux banques sans fiuance et aux comptoirs sans commerce ; aux savants attristés comme aux artistes désolés ; aux philanthropes qui pleurent comme aux athées qui rient.

Mais courage, concitoyens! nous détruirons ces machiavéliques calculs. Un peu de patience encore! Nous triompherons à force d'union, et l'avenir sera à nous.

En ouvrant le livre de l'histoire, j'y puise l'irrésistible conviction qu'avant que se lève le soleil du printemps, nos jeunes phalanges républicaines auront, pour l'honneur de l'humanité, fait cesser ce carnage fratricide.

III

En effet, bien que de la Baltique à l'Adriatique, de la Sprée
à la mer, des agents autorisés colportent le programme prussien, cette promesse rencontre beaucoup d'incrédules. La
démocratie allemande pense avec le savant docteur Jacoby
— emprisonné pour cette doctrine — qu'aucune puissance
humaine ne saurait enrayer le génie d'une nation aussi
vivace que la nôtre. Et comme le célèbre député de Berlin,
elle juge criminel de sacrifier tant d'existences humaines à
la possession éphémère et intenable de deux provinces fran-
çaises.

Les récents troubles de Munich et de Berlin n'ont pas eu
d'autre cause. A Cologne, la force armée a dû intervenir.
Et quoi qu'en dise *la Gazette* du 13 décembre, le mouvement
n'a point été dompté. Le manifeste anti-belliqueux, arraché
des murs par des agents de police, se réimprime ailleurs,
pour être de nouveau répandu.

Les démocrates cosmopolites d'outre-Rhin (section de la
Solidarité internationale) ont pris pour drapeau le programme
électoral de Jacoby, son magnifique discours du 20 janvier
1870, sur l'émancipation des salariés. Cette éloquente synthèse ouvrière est une profonde étude de philosophie industrielle. Aussi est-elle grande, la haine du gouvernement
prussien contre cet ex-député; mais bien plus grande est
la respectueuse gratitude que lui voue le travailleur allemand. Et telle est la puissance des sentiments justes, que
M. de Bismark a été littéralement forcé par la démocratie
de rendre Jacoby à la liberté.

Encore une pression de la sorte, et l'habile inventeur de « la force prime le droit », le plus grand ennemi du peuple que jamais terre ait porté, se rapprochera hypocritement des artisans. Il s'efforcera d'étouffer chez eux l'antipathie guerrière, sous l'appât des avantages matériels dont ses docteurs ès-sciences économiques feront miroiter l'importance.

Certes, le trop influent Ministre ne parviendra pas à fausser à ce point le bon sens public. Mais il essaiera, ne reculant devant aucun moyen. Là est notre danger futur. Si nous voulons conjurer celui-ci avant qu'il n'apparaisse en ou hors d'Europe, il nous faut agir sans retard.

Quand, une fois les événements actuels passés, on demandera sur les marchés d'outre-mer : *Qui vive?* Que nos ennemis ne puissent dire : *Prusse!* avant que nos nationaux ne s'y trouvent pour répondre : *France!*

IV

Nul n'ignore que si nous possédons à un plus haut degré
que l'Allemand le génie de l'initiative, celui-là excelle dans
le talent de l'imitation, ce savoir moderne que les progrès de la technologie ont élevé à la pernicieuse hauteur
d'un art. Or, si le génie suppose de l'inspiration, le talent
s'acquiert avec de la persévérance.

Eh bien! l'Allemand, calme et concentré, lent, parfois
lourd, est patient, studieux et docile. Plus volontiers que
nous, il se soumet au maître et ne voit pas la livrée de trop
mauvais œil. L'uniforme lui impose et, quoi qu'il dise de la
vanité française, les vains titres le flattent. Il est à la fois
réfléchi et intéressé.

Nous autres, avec notre tempérament expansif et chevaleresque, nous sommes frondeurs, vifs et impressionnables.
Parmi beaucoup de besoins que nous suggère notre nature
trop facile, celui que nous sentons le moins, c'est le besoin
d'une instruction solide. — Pourquoi? — Parce que nous
avons une trop grande confiance dans nos facultés natives.
Labeur, chez nous, est un *mot d'ordre* connu par quelques-
uns seulement; chez les races anglo-saxonnes, c'est le
mot de ralliement connu par tous les bons citoyens.

Nous nous contentons de notre esprit naturel, tandis que
l'Allemand s'applique à cultiver, à développer le sien. Au
sortir du collége, à cet âge où nos jeunes gens ferment les
livres, le jeune Allemand les ouvre plus grandement que
jamais. D'où il suit que, sous le rapport de l'instruction
générale, il nous atteint et nous dépasse.

On m'objectera peut-être qu'à quinze ans le Français a déjà l'intelligence qui manque encore à l'Allemand de dix-huit. — Oui. — Mais à vingt ans, ils ont, eux, un savoir qui manque aux nôtres à vingt-cinq, souvent à trente ans.

Nous possédons au premier chef la vaillance à laquelle l'Allemand oppose la discipline; discipline, me dira-t-on, de fer et de feu contre laquelle se raidirait notre caractère indomptable. — D'accord. — Mais à une époque où la science mécanique, où la docilité automatique ont le pas sur le courage personnel, en ces jours néfastes l'obéissance passive devient, plus que jamais, une vertu guerrière.

Autres sont les situations respectives pour ce qui touche la vertu politique du sentiment national.

Parlez-nous d'honneur et de patrie! de fidélité au drapeau! d'invasion et de défense! de gloire heureuse ou malheureuse! Oh, alors, nous ne le cédons en rien à aucune nation du monde. Quelque puissants que soient les traîtres et leurs acolytes : félons couronnés ou conspirateurs princiers, lâchetés militaires ou intrigues civiles, forteresses livrées ou armées sacrifiées; tant qu'il reste debout un Français et une baïonnette, l'ennemi ne pourra se flatter de nous avoir abattus. Car, chez nous, le culte de la patrie enfante des miracles.

Chez l'Allemand, au contraire, il a fallu exciter le patriotisme à coups de canon. Loin de moi la pensée de vouloir, par ces mots, faire une injure gratuite à l'ennemi. Les faits parlent assez haut d'eux-mêmes pour justifier mon assertion. Ils sont trop récents et trop caractéristiques, pour que je résiste à la tentation de les relater en passant.

Excusez cette page d'histoire dans un modeste opuscule d'économie sociale.

V.

Ce fut vers 1849.

Le prince d'Augustembourg, prétendant, éconduit, aux duchés de Sleswig-Holstein, après avoir contesté à son souverain et parent, le roi de Danemark, certains droits sur lesdits duchés, obtint, pour l'abandon de ses prétentions plus ou moins fondées, une forte somme d'argent.

L'indemnité dûment encaissée, ce prince astucieux se tourna vers la Prusse, lui offrant de soulever, au profit de l'Allemagne, non-seulement le Holstein allemand, mais encore le Sleswig danois, le tout moyennant compensations en fonctions, titres, finances, etc.

Frédéric-Guillaume de Prusse, frère du roi actuel, ambitionnant secrètement pour son propre pays le rang de puissance maritime, accueillit la proposition et marcha, armé de pied en cap, au secours du Sleswig-Holstein contre le Danemark.

A cette époque, les Prussiens n'avaient pas encore inventé les moyens de mutiler, de loin et à couvert, les hommes les plus intrépides, les femmes et les enfants, les vieillards et les malades. Aussi, la bravoure danoise eut-elle bientôt raison des troupes du prince insurgé, et l'armée prussienne s'en retourna comme elle était venue.

Mais, quinze ans plus tard, M. Dreysse avait terminé son fusil à aiguille et M. Krupp son canon à cadran, horlogerie prussienne qu'on dirait inventée pour sonner le glas funèbre dont le drapeau royal est le digne symbole : blanc et noir, linceul et corbillard. Et tels sont les effets spontanément multiplicateurs de cette lugubre sonnerie, que M. X, par exemple, espion choyé à Paris pendant dix ans, aujourd'hui artilleur dans la Garde, tue, à belle distance, d'un seul et même coup, cinq femmes en couche à *la Pitié*, soit autant de mères que d'enfants, total dix personnes! Manière comme une autre de payer l'hospitalité.

Et dire que des journaux français, que je ne veux pas nommer, parce que chacun les nomme, n'ont pas craint d'admettre, parmi leurs rédacteurs, les érudits amis de ces artilleurs-là. Qu'on se plaigne après cela quand on nous accuse de légèreté!

Donc, en 1863, le régent du royaume, devenu le roi Guillaume, inaugura son avénement au trône des Hohenzollern et celui du comte de Bismark au Gouvernement, par la reprise du conflit dano-allemand.

Cette fois, cependant, le rusé chancelier appela l'Autriche à son aide, et le pauvre petit Danemark tomba glorieusement sous les coups redoublés des deux puissances allemandes. La couronne danoise perdit ainsi ses deux plus beaux fleurons sur les rives de la Baltique.

Lorsque l'Autriche réclama sa part du butin, la Prusse, pour toute réponse, lui suscita la guerre italienne. Non-seulement l'empire autrichien ne reçut pas le Sleswig qui lui avait été solennellement promis pour prix de son concours à la spoliation danoise, mais pendant que ses meilleures troupes étaient occupées en Italie, la Prusse entreprit contre lui la fameuse campagne de 1866.

Révoltés de tant de perfidie, les alliés de l'Autriche, c'est-à-dire les nations composant la Confédération germanique, se portèrent au secours de l'empereur François-Joseph, après avoir fait à la Prusse les représentations les plus pressantes au nom de l'humanité et des intérêts sacrés de la patrie commune.

C'est alors qu'on vit, fait déplorable et instructif, la même Prusse à laquelle le peuple avait offert pacifiquement, en 1848, le sceptre impérial d'une Allemagne unie, lui tenir à peu près, en plein Parlement, par l'organe du chancelier de Bismark, ce langage insultant :

« Si nous avons refusé la couronne germanique lorsque
» notre Roi pouvait la ceindre sans effusion de sang, c'est
» parce que l'Allemand ne comprend bien les mots d'unité
» et de patrie qu'appuyés sur bombes et obus... »

Et les plaines de Sadowa, comme les forêts de Konigs-gratz, et le plateau de Longsalza, comme la vallée de Kissing, furent inondés, par la Prusse, du sang allemand le plus pur, autrichien, saxon, hanovrien, bavarois ; le tout pour préparer la prussification germanique. Jugez des vœux qu'ont dû adresser au ciel les veuves, les orphelins et les parents éplorés des cent mille victimes immolées à l'ambition dynastique des Hohenzollern.

Dès ce moment, le mysticisme prussien n'eut plus qu'une pensée ou plutôt qu'un cauchemar politique. C'était de laver dans du sang étranger ses lauriers rougis de sang allemand. Ce cauchemar d'une politique troublée par les remords, est la cause primordiale et dominante de la guerre actuelle.

L'affaire du Hohenzollern espagnol n'était qu'un prétexte habilement ménagé aux fins voulues. Depuis Sadowa, la Prusse se préparait à une guerre contre la France. La manœuvre est dévoilée, les preuves surabondent. Napoléon, croyant consolider son trône ébranlé, donna dans le piége où l'enjeu était fatalement le prestige de la nation française et nos lauriers militaires. Hélas ! ce poltron couronné, grâce au nom de son oncle et aux anarchistes de 48, ne faisait pas plus de cas de notre réputation que de la vie de nos soldats. Maudite soit sa mémoire !

Pardon de la digression. Je rentre dans mon sujet.

VI.

Tout à l'heure, je parlais de la cause principale de l'invasion, notre fléau actuel. Passons à la cause secondaire, notre danger futur.

L'économie politique, en temps de paix, ne joue pas un moindre rôle que la politique d'État en temps de guerre.

Quand nous aurons fini notre mission sur ces remparts, nos postes de combat, il faudra bien nous occuper d'autre chose que de projections et de trajectoires. Alors nos regards se tourneront vers l'avenir, vers l'aurore de la génération qui s'élève. Car là est le salut durable.

Eh bien! la cause secondaire en apparence, mais dominante en réalité, est la rivalité prussienne, jalouse de la prépondérance française. Sous le fallacieux prétexte de représailles politiques, c'est de leur part une lutte de race à race, saxonne contre latine.

Depuis que la philosophie allemande a dévoyé, l'ancienne école fédéraliste, où chaque savant, dans la plénitude de son indépendance intellectuelle, pouvait apporter au faisceau des lumières le concours de sa propre flamme, a cessé d'exister. Elle a fait place à une sorte d'école philosophique centrale qu'inspire, pour ne pas dire que domine le souffle omnipotent de Berlin. C'est la scolastique devenue instrument politique. Si le protestantisme allemand a recherché, pour l'approprier à sa morale, quelque chose comme notre confessionnal, — ce viatique des gouvernements à l'agonie, — il ne pouvait mieux trouver. Car la politique scolastique agit directement sur l'homme, tandis que le confessionnal n'opère que par l'intermédiaire de la femme.

Depuis lors, les professeurs de toutes les académies prussiennes s'évertuèrent, qui, dans la sphère scientifique, qui, dans les écoles militaires et les gymnases, qui, dans l'enseignement des beaux-arts, qui, dans les leçons d'esthétique, mais surtout dans les cours d'économie industrielle et commerciale, pour prouver, à l'aide d'arguties et de sophismes, que le profond génie allemand rayonnerait depuis longtemps sur les deux hémisphères s'il ne se heurtait à chaque pas contre le génie superficiel et usurpé du charlatanisme français.

Et les oracles de la religion wilhelmine, les grand-prêtres Bismark et Moltke, ont annoncé aux fidèles que l'heure a sonné pour l'accomplissement de sa destinée. Je ne serais pas étonné de lire un jour au fronton du temple de Kônigsberg, où se sacrent les Hohenzollern, — les majestés prussiennes se sacrent elles-mêmes : « C'est MOI qui me la donne ; gare à qui la touche ! » etc., etc., la fin de l'air à Cassel,— je ne serais pas surpris, dis-je, d'y lire cette formule bien connue : « Dieu est Dieu, le roi Wilhelm est son prophète ! »

Tout cela ne serait que risible, si ce n'était profondément affligeant.

Comment? Parce qu'un inepte imposteur impérial est aux prises avec un vieil illuminé royal, tous deux ayant trouvé bon de s'entourer de ministres sans foi ni loi, il faut que deux nations, aptes à se comprendre et à faire progresser la civilisation moderne, reculent jusqu'au moyen-âge? et ce, pour justifier les théories subversives d'un traître et d'un fanatique ?

Pourquoi, si vous avez tant envie de batailler, n'allez-vous pas, Napoléon et Guillaume, Lebœuf et Moltke, Grammont et Bismark, vous mesurer en arène publique, comme ces champions illustres qu'on nomme don Henri de Bourbon et

Montpensier d'Orléans? Dieu, répondrez-vous, le défend en son sixième commandement. Mais il ne vous défend pas, à ce qu'il paraît, d'exterminer deux peuples pour votre bon plaisir. C'est dommage, car tout l'univers vous applaudirait. Le monde admirerait votre courage, exalterait votre bravoure, et les nations vous absoudraient; tandis que, bien enfermés dans vos palais, portes closes, solidement gardés, vous ne jouez devant l'histoire qu'un rôle que je ne veux pas qualifier, par respect pour la conscience publique.

Depuis quand, d'ailleurs, une nation ou une race a-t-elle le droit de se formaliser de la renommée d'une autre? Et à qui, si ce n'est à des gens aveuglés par la passion, ferait-on croire que notre influence dans le monde entrave l'ascendant légitime d'une nation quelconque? A-t-on vu, par exemple, pour leurs parts respectives dans l'avancement intellectuel des peuples, l'illustre Humboldt insulter Arago, Cornélius se disputer avec Paul Delaroche, Rauch se quereller avec Pradier, Weigl combattre Boïeldieu, Gœthe mépriser Chateaubriand, Sidow se moquer de Henri Martin, Liebig en vouloir à Dumas, ou Theiner dénigrer Dupanloup, à propos d'astronomie, de peinture, de sculpture, de musique, de poésie, d'histoire, de chimie ou de théologie? — Jamais. — Si, dans la sphère élevée de ce rayonnement sublime, il apparaissait, par hasard, un Menzel ou un Mommsen comme une tache dans le soleil, il surgissait tout aussitôt un Boerne ou un Jacoby pour accorder les notes serviles de ces nerveux gallophobes au diapason de l'harmonie.

Non, il n'y a rien de grand dans les aspirations jalouses de nos ennemis d'aujourd'hui, rien qui puisse seulement atténuer la honte de leurs atrocités. C'est la rivalité la plus vulgaire, l'envie la plus basse, servies, à souhait, par les procédés sauvages dont il sont les inventeurs.

Mais il y a un enseignement à en tirer.

VII

Le Français manque d'instruction générale et de discipline, deux qualités qui découlent du sentiment du devoir. C'est un aveu pénible pour une âme patriotique, mais c'est une vérité fatale.

A tous les degrés du régime tombé, cette double plaie nous rongeait. Seulement, en haut de l'échelle, dans la sphère officielle, on savait masquer l'insuffisance par une arrogance superbe, pendant que, dans les régions intermédiaires, classes opulente, riche, aisée et bourgeoise, on se grisait sans pudeur, échelon par échelon, et à l'envi les uns des autres, soit de plaisirs ou de jeux, soit de spectacles frivoles ou de lectures énervantes.

A cette malencontreuse nomenclature, on peut ajouter la pernicieuse influence de certains journaux sur les mœurs contemporaines.

Du *Moniteur* au *Charivari*, du *Times* au *Punch*, de la *Gazette d'Augsbourg* au *Kladderadatsch*, quel est celui qui ne mérite des reproches ? Argent ou distinctions, places ou complaisances, c'est toujours un moyen de haute ou de basse pression sur l'esprit ou sur la conscience de l'écrivain.

Oblique à droite, oblique à gauche ! A droite conversion, à gauche conversion ! Qui ignore que ces termes de la théorie militaire ont passé dans la pratique civile, grâce à la tolérance argentifère de certaines feuilles publiques ? Savez-vous pourquoi l'aristocratie anglaise, dont nous avons sauvé la politique à Sébastopol et l'armée à Balaclava, se montre si ingrate envers nous? Vous croyez peut-être, parce que le prince Albert était Allemand ou parce que la fille de la Reine a épousé « notre Fritz? » — Non pas. — C'est parce que le *Times* a eu l'honneur et l'avantage de conclure une alliance matrimoniale avec l'ambassadeur prussien à Londres, alliance bénie de toutes les faveurs aristocratiques. Voilà pour le journal réputé le plus indépendant de l'Europe, l'incorruptible oracle de la Cité. Jugez des autres.

Qu'on veuille bien ne pas se méprendre sur le sens de ma critique. La liberté de la presse est une des plus précieuses conquêtes des peuples émancipés; mais le journalisme ne devrait pas être une industrie mercantile. Et tout en rendant hommage au mérite, on ne peut s'empêcher de regretter que les études sérieuses, les travaux instructifs, les exhortations patriotiques, qui sont l'honneur des éminents écrivains de la première page, perdent beaucoup de leur influence légitime en présence des faits-Paris à tant la ligne de la seconde, des réclames taxées de la troisième et du mercantilisme immodéré de la quatrième page. C'est triste et décourageant.

Mais ce qui n'était qu'un inconvénient pour la haute société, qu'un danger pour les classes moyennes, est devenu un malheur pour les masses, dont le naturel généreux et confiant est trop souvent exploité par les habiles de la plume et de la parole. Or, jamais, au grand jamais, l'homme qui a toujours son mérite dans la bouche ou sous sa plume, ne vaudra celui qui a son mérite dans le cœur.

VIII

Vous tous, chefs et collaborateurs, employés et artisans, ouvriers et aides, gens laborieux dont la courageuse abnégation fait aimer notre jeune République et admirer la France nouvelle, croyez-vous sérieusement que les *Sociétés anonymes pour l'exploitation du cœur par la bouche*, en un mot que les clubs puissent vous procurer, au sortir de la crise actuelle, l'emploi de vos facultés au profit de vos familles et du pays ? En aucune façon. Je m'explique.

Que sont la plupart des clubs ?

Des réunions publiquement privées, constamment éphémères, libéralement autoritaires, démocratiquement aristocratiques ; des assemblées où les contradictions abondent, l'homogénéité manque, où l'entente est rare, la controverse difficile ; un centre de citoyens généralement bien intentionnés, mais inconnus les uns aux autres. De là, les motions intempestives, les propositions inopportunes, les discussions oiseuses. Résultat final : agitations stériles.

Et comment en serait-il autrement ?

De même que dans l'ordre matériel nous ne pouvons exister privés de tous nos sens physiques, de même toute entreprise morale, pour être, veut ses sens intellectuels. Il faudrait que les clubs, pour produire les conséquences voulues, fussent doués des sens théorique, pratique, logique, politique et public à la fois. Or, toutes ces qualités se trouvent-elles dans ces réunions hétérogènes ? Poser la question, c'est la résoudre.

Si ma conclusion vous paraît sévère, consultez les Révolutions de France et d'Angleterre. Voyez ce que sont devenues, dans l'un et l'autre pays, les mesures édictées par les clubs aux plus beaux jours de leur existence légale. Leur stérilité frappe tout juge impartial.

On me reprochera peut-être d'oublier certaines grandes figures, ornements des clubs français à l'époque de notre première Révolution.

Permettez. Le mot « grand » est un adjectif essentiellement relatif. « N'est pas grand homme qui veut », répondit un écrivain des classes ouvrières à la prétentieuse préface de l'*Histoire de Jules César*. [1]

Aujourd'hui comme en 93, les plus ardents orateurs des clubs couvent l'usurpation ou la conspiration. Eh bien, usurpation d'en haut, usurpation d'en bas, un despotisme en vaut un autre. Nous savons tous où cela nous mène : à une perturbation politique et sociale dont l'honnête travailleur est la première victime. Nous voyons trop bien où nous ont conduit les complots de Strasbourg et de Boulogne, pour avoir le droit de nous méfier des conspirateurs quels qu'ils soient, qu'ils convoitent les Tuileries ou l'Hôtel-de-Ville, le Trône ou la Commune.

Plus que jamais, gare l'émeute! Son seul courage est celui du vice; chacun de ses triomphes, un deuil national.

---

[1] Le *Traité franco-allemand,* par un exportateur parisien. Paris, 1865. Chap. VII. *La vraie grandeur.*

IX

La République peut fort bien prospérer sans maraudeurs politiques, ces grands amis de nos assiégeants. Ce n'est pas aux clubs d'attaquer des hommes que l'histoire jugera. Je trouve même nos édiles actuels beaucoup trop politiques ; car on peut dire du Gouvernement de la Défense nationale qu'il a fait ce qui lui a été à peu près possible dans ces moments de luttes suprêmes.

Si l'un de nos honorables maires avait du temps de reste pour se passer l'utile incognito d'un spectacle instructif, j'oserais l'inviter à suivre, par exemple, le pointeur des bons de pain dans le service des sédentaires : cinq heures seulement, de 6 à 11 consécutives du matin, debout à la même place, les pieds glacés sur un sol mal carrelé ; écoutant, répondant, contrôlant et écrivant, le tout pour un public irritable et irrité qui mérite néanmoins grande indulgence. Le cœur vous saigne en se voyant assiégé d'innocentes créatures de cinq à sept ans et d'octogénaires débiles, exposés, longtemps à l'avance, aux injures d'une nuit d'hiver pour 300 grammes d'un mauvais pain qu'en temps de paix on réserverait aux basses-cours. Quand, touché de tant de misères imméritées, le garde pointeur s'arrête une minute pour glisser furtivement quelques pièces de monnaie dans la poche d'un rationné infirme, d'une chétive mère de famille ou d'un orphelin en pleurs, *la queue*, voyant à travers les barreaux l'interruption sans se l'expliquer, couvre le garde de ses injures, presque de ses malédictions. Oh ! je les lui pardonne sincèrement. Mais si les maires étaient toujours aux affaires municipales et à rien autre que cela, on obvierait à plus d'un inconvénient de la sorte. Je le dis sans détours, et je le prouverai quand on voudra.

Je demande pardon à nos édiles de ma franchise. Elle ne diminue en rien ma respectueuse reconnaissance pour leurs incessants efforts en faveur de la chose publique. Mais que voulez-vous? J'ai étudié, en théorie, tant de Républiques et fréquenté, en pratique, tant de républicains, que j'ai rêvé à mon tour une sorte d'administration démocratique que j'appellerai volontiers : La République du cœur. Celle-ci, au moins, a l'avantage de ne troubler en rien qui que ce soit.

Malheureusement, il est nombre de personnes sincères qui s'imaginent qu'on ne peut être bon citoyen sans républicanisme exalté. Erreur profonde. Ce paradoxe, s'il était admis comme axiome social, constituerait non-seulement un outrage aux nations monarchiques, — et vous admettez bien qu'il y a aussi d'excellents citoyens en Italie, en Belgique, en Hollande, etc., — mais même en France, nous blesserions la fibre la plus délicate d'une foule de gens qui peuvent, à tort ou à raison, se croire tenus à de la reconnaissance envers tel ou tel pouvoir déchu.

Ne brusquons pas, je vous en conjure, les sentiments intimes. Efforçons-nous d'élever la théorie républicaine au-dessus du principe altéré d'un prétendu droit divin. « Et nous conserverons, sans altération, notre foi en Dieu, qui est la synthèse suprême de l'univers; notre foi en la Raison et en la Liberté, qui sont la synthèse suprême de l'homme. [1] »

Aussi bien que la modération et la tolérance, ces qualités des hommes d'élite nous plaisent en matière civile et religieuse, de même nous devons les pratiquer en politique.

C'est pour avoir méconnu cette vérité, que notre première République n'a pu durer, que la seconde a sombré en Juin 48, et que la troisième a failli périr le 31 Octobre dernier.

[1] *Les Principes de 89 en Amérique*, par J.-M. Torrès Caïcedo. Paris, 1863. Chap. XX. *La Liberté et l'Égalité.*

Si le devoir de tout Français est de respecter la République, nous ne pouvons imposer à personne le culte du républicanisme; mais nous pouvons exiger de chacun d'aimer son pays et de tout lui sacrifier.

Dans ce noble sentiment, nous avons vu tomber, la tête haute, dans d'audacieuses sorties, Petit de Granville, Ernest Baroche, le comte de Dampierre, Paul Richard, le marquis de Trécesson, Bayard de la Vingtrie, le colonel de Rochebrune, le commandant Franchetti, le capitaine de Geffrier de Pully, le major Pierre de Lespinasse, le baron Saillard, le marquis de Cariolis (67 ans), le comte d'Estourmel, l'étudiant Le Ser. [1]

[1] Je voudrais pouvoir retracer tous les hauts-faits des phalanges héroïques qu'enfantent en ce moment les malheurs de notre patrie. Obligé de laisser cette pieuse mission à une plume plus autorisée que la mienne, ne pouvant raconter ici la mort de tous les preux tombés sur le champ d'honneur, je ne citerai que la fin sublime du moins âgé d'entre eux, le jeune Émile Le Ser, décédé à l'âge de 18 ans !

Quand vous aurez réuni, dans votre imagination, tout ce que la grâce native et une instruction solide — qui n'avait d'égal que son courage, tempéré par sa modestie — peuvent faire d'un fils de famille merveilleusement doué, vous n'aurez qu'une faible idée du généreux et sympathique enfant dont l'ardent patriotisme s'exalta en vue de nos revers.

Engagé volontaire dans le 71e de marche, 16e régiment parisien, Le Ser fut nommé, à l'unanimité, sergent-fourrier de la 2me compagnie.

Lorsque, après la prise de Montretout, dans la journée du 19 janvier, les Prussiens, refoulés par la Garde nationale de Paris, firent un retour offensif sur le parc de Buzenval, le 71e sembla fléchir. Le capitaine, voyant l'héroïque enfant attristé, sans reculer d'une semelle, lui cria : « Bravo, jeune sergent; un peu » de courage encore, et la victoire nous reste ! »

Aussitôt Le Ser de se précipiter dans la mêlée, s'écriant à son tour : « A moi, » camarades ! sus à l'ennemi!..... » Et les camarades, électrisés par leur sergent de 18 ans, montèrent à l'assaut de Montretout, où la plupart tombèrent pour ne plus se relever.

Ami intime de la famille absente, j'ai accompli le douloureux devoir de conduire ce jeune héros à sa dernière demeure, en compagnie de ses camarades survivants, et d'une foule immense de personnes sympathiques. Quatre discours furent prononcés sur sa tombe : deux par les ministres de la religion, un troisième par le brave capitaine commandant le 71e de guerre, un quatrième discours, enfin, par un professeur de l'Université de France, estimable vétéran de l'instruction publique.

Et les soldats et les amis furent émus jusqu'aux larmes. Tous quittèrent le Père-Lachaise profondément affectés de la perte d'un si noble cœur, d'un aussi vaillant soldat, d'un citoyen encore si jeune et déjà si grand.

Heureux le pays qui produit de tels dévouements! Honneur aux parents qui savent les inspirer!

le peintre Regnault, le virtuose Perrelli, et nombre de vaillants guerriers dont le cœur fit à la patrie le sacrifice des plus saintes affections.

Cependant, aucun de ces braves n'était Républicain dans l'acception usuelle du mot, et ils allèrent à la mort en imposant à nos ennemis farouches l'admiration du nom français. C'est qu'ils étaient tout simplement de vrais patriotes, de dignes citoyens.

Gloire aux héros qui, comme ces généreux volontaires, vivent sans peur et meurent sans reproche !

X

Le républicanisme est à la forme gouvernementale ce que la croyance est à la religion, la manifestation, par un culte quelconque, d'une foi fort respectable, la foi en la démocratie.

La démocratie, qui reconnaît des lois antérieures et supérieures aux lois positives, doit s'incliner devant le libre arbitre dont le suffrage universel est la magnifique expression. Hors de là, on risque de tomber dans l'anarchie, qui est la négation de la liberté, l'avénement des conspirateurs, le règne de l'ignorance, le gouvernement des incapables ; régime où les gens laborieux sont sacrifiés à des intrigants dont le plus instruit ne vaut pas le moins lettré des ouvriers qu'ils flattent pour mieux les tromper.

L'éducation civique de la jeunesse adulte peut se passer de clubs. Je le prouverai tout à l'heure. Respect aux majorités et aux gouvernements par elles sanctionnés ; voilà le pater et le credo de notre éducation politique, la résultante des droits et devoirs du citoyen. Il y a une foule de gens qui, pour ne pratiquer ni matines, ni vêpres, ni salut ; pour n'assister ni à messe-basse, ni à grand'messe et, qui sait ? ne confessant peut-être pas à Pâques, ne sont pas moins bons chrétiens pour cela. Car ils sont humains par caractère, charitables pour beaucoup, tolérants pour tous. Pourquoi n'en serait-il pas ainsi en politique ?

Le mépris des majorités que le parti avancé entend tirer du Plébiscite de 1870, le condamne, au contraire. A cette époque, l'Empire et son système étaient usés et jugés. La loi sur les réunions publiques, faite exprès pour la circonstance, n'était qu'une ruse d'avocat, qu'un piége infâme tendu aux anarchistes, aux dépens de la nation. Soyez certain que s'il se fût trouvé dans les réunions d'alors quelques hommes connus et estimés pour leurs antécédents, tenant au public ce langage : « Citoyens, afin de vous dissuader de » la vraie liberté dont l'indépendance et le calme font la » grandeur et la force, les perfides conseillers de la Couronne ont ouvert les violentes écluses de la fausse liberté ; » on vous y étourdira du haineux bruit des phraseurs les » plus vulgaires ; ne craignez rien de ces impuissantes diva- » gations ; laissez là les instigateurs de notre décadence, et » votez NON comme un seul homme ! ».... soyez certains que ce langage de la raison l'eût emporté sur celui de la passion. Et nous ne serions probablement pas aujourd'hui réduits à la situation que vous savez.

Les fauteurs de désordres sont destructeurs politiques par tempérament. Ils anéantiraient, si on les laissait faire, jusqu'à la liberté, l'égalité et la fraternité. Incorrigibles, tant qu'ils ne sont pas en place, leurs chefs renaissent des cendres comme le phénix de la fable. Preuve, le citoyen X***, que j'ai eu le désagrément de déranger deux fois dans ses patriotiques démolitions du Palais-Haussmann, de démolissante mémoire : une première fois, le 15 mai 1848 ; une seconde fois, le 31 octobre 1870. Si Dieu nous prête vie, comme dit le poète, je ne désespère pas d'assister au troisième et dernier accès de sa fièvre conspiratrice. Et je ne suis que simple soldat dans la sédentaire. Que serait-ce si nos Supérieurs voulaient parler ? O France, ô nation chevaleresque ! Si tu les voyais de près, ces héros d'un jour, que dis-je ? ces héros d'une nuit ; — car ils ne travaillent plus que dans les ténèbres, et c'est logique, — tu en serais guérie pour toujours.

Mais ils ne cesseront leurs machinations souterraines que le jour où le mépris public les assimilera aux malfaiteurs. Y a-t-il, je le demande, une seule âme vraiment française qui ne soit convaincue que ces gens-là, aujourd'hui, sont pires que des déserteurs? Quand on songe qu'un commerçant, plus malheureux que coupable, est privé de ses droits politiques, et que ces incorrigibles échappent le plus souvent au stigmate de la loi, on ne sait quoi regretter le plus, de la sévérité législative ou de la mansuétude de la vindicte publique.

Ils ont pourtant la prétention, ces Prussiens de l'intérieur, de donner des leçons de civisme à la génération qui nous suit.

C'est à eux qu'il faudrait commander : *Arrière!*

XI.

Ce qui convient à notre jeunesse, c'est de lui démontrer le côté utile plutôt que le côté futile de notre existence; c'est d'offrir à ses méditations, non des sujets abstraits, mais des idées d'actualité pratique. Les employés comme les ouvriers sont moins antipathiques à l'étude qu'on ne le suppose généralement. Il suffit de les comprendre.

Que des chefs d'établissements en prennent l'initiative. Leurs intérêts bien entendus se ressentiraient bientôt de leurs modestes sacrifices.

D'auditeurs, vos jeunes gens pourraient devenir orateurs. A la parole, cette force française, ils joindraient peu à peu la plume, cette force étrangère. Membres passifs au début, membres actifs dans la suite. Signalez ceux qui se distinguent par leur vocation, leur assiduité, leur aptitude; montrez-leur de la sympathie, offrez-leur quelques encouragements.

Ne dédaignez pas, ne négligez pas de leur parler, dans une certaine mesure, de la politique générale. Vous formeriez ainsi des électeurs qui voteront par conviction, et non plus par impulsion.

On suppose assez rares les hommes possédant la théorie pratique du double mécanisme manufacturier et mercantile. C'est vrai. Cela est d'autant plus regrettable que l'économie industrielle se distingue de celle commerciale autant que la médecine de la chirurgie. Il y a des affinités, voilà tout. Mais si rares que soient ces utiles citoyens, ils existent. Les rechercher, est l'affaire des gouvernants; les trouver, celle des gouvernés. S'il leur répugne de faire antichambre, ils ne refuseront certes pas de servir la chose publique.

Formez dans Paris, en attendant que nos départements puissent en faire autant, vingt Conférences d'économie pratique, une par arrondissement; posez à toutes les mêmes problèmes, et offrez-en, à titre consultatif, les meilleures solutions au Gouvernement. Vous dissiperiez ainsi, je vous l'assure, le doute officiel dans une foule de cas. Combien de fois, quand mes fonctions — gratuites, bien entendu — m'ont amené aux Tuileries ou dans les ministères, n'ai-je pas été frappé de cette vérité que l'ignorance des matières pratiques n'est l'attribut exclusif d'aucune classe; combien de fois ne me suis-je pas dit :

> « *Ces hommes* ne sont point ce qu'un vain peuple pense;
> « Notre crédulité fait toute leur science. [1] »

La rénovation française est une mission patriotique et difficile dont l'instruction des jeunes est comme l'exorde. Si vous l'appuyez sur le double levier de l'unité d'impulsion et de la division du travail, vous sèmerez pour récolter.

Oserai-je vous présenter, jusqu'à ce que de plus capables s'en occupent, un programme provisoire? Le voici :

Économie manufacturière.

1. Examen critique de notre *Politique commerciale*, déduite des traités de commerce, de 1860 à 1867.

Le principal de ces actes est le traité anglais du 23 janvier 1860, que l'Empire a eu l'incroyable incurie de ne pas dénoncer l'an dernier, ce dont la République se souviendra, il faut l'espérer, avant le 4 du mois prochain.

2. Abrégé des *Corporations industrielles*, depuis leur création (Numa Pompilius, an 715 avant J.-C.) jusqu'à nos jours (Circulaire de Forcade, mars 1868).

---

[1] *Œdipe*, Tragédie de Voltaire, acte IV, scène 1re.

Un curieux résumé de ce genre a été esquissé il n'y a pas longtemps. [1]

3. Réforme des *Syndicats de Patrons*, qui comptent à peine un fabricant sur dix, dont les trois quarts à titre passif seulement.

4. Perfectionnement des *Syndicats d'Ouvriers*.

Intérêts mercantiles.

5. Question de *Débouchés nouveaux*; étude plus facile qu'autrefois, par le rapprochement des distances et la commodité des déplacements.

6. Création de *Délégués commerciaux*, commissionnés par le commerce lui-même et sanctionnés par immunités officielles, sans responsabilité gouvernementale.

Personnel professionnel.

7. Institution d'*Acheteurs spéciaux* pour chaque branche, accompagnant le négociant étranger en Province aussi bien que dans les fabriques de la capitale.

8. Transformation de Pupilles de la République en *Pupilles de l'Industrie*, avec enseignement pratique d'exercices de corps et conservation de leur organisation collective.

9. *Substitution des neutres :* Autrichiens, Suisses, Hollandais, Russes, Danois et Suédois aux Allemands autrefois employés en France.

Arts indusdriels.

10. Étude de *Cercles de Travailleurs*; édifices destinés à l'instruction récréative de l'employé comme de l'artisan.

---

[1] Chambre des Fabricants français (Institution nouvelle), Bulletin nº 3, *Historique des Syndicats.*

Deux prix, dont l'un au meilleur projet ou mémoire, l'autre au meilleur plan ou dessin.

11. *Véhicules militaires* métalliques et *Affûts à double face ;* deux innovations dues à mon honorable ami, le général américain A. T. [1]

Il est bon de n'en pas trop parler ici, ces deux systèmes n'étant pas encore connus de nos ennemis, les bombardeurs.

Institutions patriotiques.

12. Établissement d'une *Tirelire nationale*, sorte de Sous-Caisse d'Épargne, pour les dépôts de 5 à 95 centimes, que les Caisses actuelles ne peuvent recevoir.

Il faut connaître le travailleur comme je le connais, l'estimer comme je l'estime, pour bien comprendre la portée féconde d'une institution semblable.

13. Dotation des *Centimes perdus*, que les négociants déduisent, jusqu'à présent, aux paiements fractionnaires des marchandises. Bagatelle de 1,400 francs par jour ; bon an, mal an, un demi-million !

Est-ce que l'espoir de réaliser, au profit de vos aides et sous-aides, cette rente perpétuelle d'un capital de 10 millions, ne vaut pas la peine d'être élucidée par les bénéficiaires eux-mêmes ?

Jurisprudence.

14. Révision du décret du 1er avril 1851, sur la *Répression des fraudes* commerciales.

---

[1] J'ai eu l'honneur de porter au Gouvernement de la Défense nationale, au nom de ce vaillant capitaine, d'importantes communications. Elles sont trop méritoires et trop remarquables pour pouvoir être passées ici sous silence. Mon opinion est que ces précieux documents ne devront pas être négligés par les historiens du siége de Paris.

Qui, mieux que nos jeunes agents de la production et de la vente, pourrait édifier le législateur sur les garanties nécessaires des marchandises offertes au public?

15. Modification du décret organique du 16 mars 1852 sur la *Légion d'honneur*.

Aussi bien que l'avancement militaire et administratif revient à la fois à l'ancienneté et au choix, aussi bien les récompenses nationales devraient-elles, en démocratie, ne plus dépendre de la seule faculté du pouvoir.

Laissez-en une large part au Gouvernement. Mais qu'on stipule que, pour l'autre part, la croix reviendra *de droit* au mérite civil ou militaire, telles ou telles conditions accomplies. C'est souvent le seul moyen de récompenser l'homme modeste, l'ouvrier comme le paysan, le salarié comme la vertu la plus obscure.

16. Article 259 du Code pénal et décret du 28 mai 1858. Extension de la défense, édictée par ces lois, à *l'usurpation de la qualité d'ouvrier.*

Il me semble bien moins dangereux de s'appeler, sans titre, marquis de Carabas, que de compromettre, en se faisant passer pour artisan, la classe honorable des travailleurs. Le jour où l'intrigant ne pourrait plus usurper la qualification d'ouvrier, l'artisan honnête serait estimé pour ce qu'il vaut.

Géologie et Hygiène.

17. *Rechercher les départements et sites français* — qui existent, cela est prouvé — susceptibles, par leurs situations géographique et topographique, d'offrir aux délassements récréatifs des touristes les avantages — sans les vices — des villes d'eau allemandes.

Il est grand temps de séparer l'ivraie du bon grain; que le gandin monoclé, orné d'une camériste empanachée comme une jument de corbillard, ne coudoie plus, à l'étranger, le Français accessible à une patriotique pudeur.

Réclamer le concours des banquiers, en rappelant aux uns, s'ils l'ont oublié, qu'ils sont nos concitoyens, et aux autres, c'est-à-dire aux barons italiens et portugais vivant parmi nous, qu'une pareille entreprise est plus méritoire qu'une exploitation de pastilles de Tunis fabriquées à Auteuil.

Politique.

18. Étude comparée entre les *mérites civil et militaire.*

Signaler les dangers de la *confusion* entre le mérite et le succès, *dans les récompenses.*

19. *Suppression,* pendant la période de l'activité de service, *des votes militaires* et de l'élection des chefs.

20. *Tromperie* en matière *d'élections* civiles.

Sciences morales.

21. Définir les principes des *Républicains de cœur.*

22. Avantages et inconvénients de la *bureaucratie française.*

23. Création, par souscription nationale, d'un *Livre d'Or* où seraient consignés nos compatriotes morts dans la fatale campagne de 1870-71, bombardés compris.

Je propose le titre d'*Album héroïque* et l'épigraphe : « Honneur au courage malheureux ! »

Dès à présent, je souscris pour cent francs.

Philosophie éclectique.

24. Prouver que le *favoritisme démocratique* est aussi injuste et aussi dangereux que le favoritisme aristocratique.

25. Exposer les avantages de la *discipline civile* pour l'avancement de nos facultés morales et physiques.

26. Prix à instituer pour le meilleur Mémoire sur l'impérieuse *nécessité d'arracher aux Souverains*, trop lâches pour laver leurs offenses en personne, *le droit infâme de faire tuer*, à leur place, des milliers d'honnêtes gens qui, presque tous, valent mieux qu'eux.

Auditions

MENSUELLES, DONT UNE OU DEUX PAR SEMAINE.

27. Première : *Musique vocale et instrumentale.*

28. Deuxième : *Lectures et récits militaires.*

29. Troisième : *Voyages, statistique, biographies.*

30. Quatrième : *Démonstrations physiques et techniques.*

Quelques mots à propos des biographies que je viens de mentionner.

La vraie tribune au « mérite du cœur » n'existe pas encore en France. Le clinquant démocratique ne le cède en rien au froufrou aristocratique. Si vous êtes trop modeste ou trop fier pour recourir à la presse, les masses honnêtes et laborieuses resteront dans l'ignorance des plus nobles sacrifices, des plus dignes exemples. Tout autre serait le résultat moral d'un fait, d'une vie, d'une mort, si vingt conférences de mille auditeurs chacune, l'apprenaient à la fois. Quelle vengeance de la belle action obscure sur mainte réputation usurpée ?

Le jeune sergent Le Ser meurt pour la LIBERTÉ de sa patrie, quand le devoir de l'ÉGALITÉ patriotique lui envoie un camarade, le caporal Paul Reltgen, pour le secourir. Mais celui-ci reçoit également une balle ennemie qui l'étend mort — ô étreinte sublime ! — dans les bras de son sergent agonisant. Et c'est

un tout jeune tambour, le petit Cherrier, âgé de 11 ans (oui,
onze ans) qui, enflammé par le sentiment de la FRATERNITÉ,
accourt, en battant la charge, et reçoit, à son tour, une bles-
sure pour prix de son dévouement.

N'est-il pas digne, ce lugubre tableau, du pinceau d'un
Vernet, de la plume d'un Lamartine, de la parole d'un
Berryer? Quand on songe à tous les faits semblables qu'on
pourrait citer, quand on considère que des trois soldats dont
je viens de parler, l'un était catholique, l'autre israélite, le
troisième protestant, on devient plus fier, s'il est possible,
de sa qualité de Français et de la divine harmonie qui réu-
nit tous les enfants de France.

Non, non, un tel pays ne saurait périr!

XII

Voilà de quelle façon j'entendrais récompenser, au retour dans ses foyers, cette vaillante jeunesse, l'honneur et l'espoir du pays. Voilà les sillons que je voudrais pouvoir lui tracer, les études que je voudrais lui voir aborder, au profit de son activité future.

Craindriez-vous de manquer d'hommes pour l'exécution de ce programme patriotique? N'ayez peur; il s'en trouvera. Nous pleurons, il est vrai, et nous pleurerons longtemps, hélas! une foule de citoyens érudits qu'une triste gloire nous a ravis. Mais ces pleurs-là réchauffent l'âme, ces larmes consolent le cœur, ces douleurs même raniment l'esprit.

Au réveil de la patrie en deuil, nul ne saurait rester indifférent. Il s'agit d'être ou de ne pas être (*to be or not to be*). Donc, à l'œuvre réparatrice! Au jour de vos efforts, venez à moi. Si peu que je sois, mon courage à vous aider ne faillira pas.

Le temps n'est plus où nous pouvions nous abandonner à notre bonne étoile pour réussir. Dans la guerre comme dans la paix, aujourd'hui il faut nous mettre *en garde* contre la suprématie continentale, *en garde* contre la prépondérance maritime, et d'avance *assurer nos armes*, c'est-à-dire nos moyens pour combattre nos compétiteurs.

> « C'est le travail qui créa le monde,
> » C'est le travail qui partout féconde,
> » Gloire et honneur au travailleur! [1] »

---

[1] *Hymne des Travailleurs* de Pierre Dupont. Paris, 1848.

XIII

*A Son Excellence Monsieur J. MAGNIN, Ministre Secrétaire-
d'État du Gouvernement de la Défense nationale,
au département de l'Agriculture et du Commerce.*

« Monsieur le Ministre,

» Quand le canon gronde, que les obus tonnent, on court
aux armes spontanément.

» Quand un incendie éclate, on porte secours sans con-
sulter ses forces.

» Vite, chacun selon ses moyens, lorsqu'il s'agit du
salut commun.

» Telle est la pensée qui a inspiré mes *Lettres patriotiques,*
dont j'ai osé vous adresser la première.

» Pour l'avoir conçue et écrite dans ce milieu de fer et de
feu qui nous enserre, pendant que je vis séparé de ce que
j'ai de plus cher au monde, je ne demande à Votre Excellence d'autre récompense que la faculté d'ajouter quelques
lignes de respectueuse franchise.

*
* *

» Sous le régime tombé, l'Administration ne s'intéressait
guère à l'initiative privée. Comme les Tuileries, elle *classait*
les communications.

» Ce système a pu être habile, mais il a son danger. On
ne se débarrasse pas du charlatan qui revient toujours à la
charge, et l'on froisse l'homme de mérite qui, lui, ne repa-
raît plus.

» Si M. X, aujourd'hui à Bordeaux, ou M. Y, tout près de

vous, ou M. Z, non loin de vous, manquent d'éléments pour apprécier telle œuvre utile, ils n'ont qu'à se laisser édifier. Il me semble — pardon de ma naïveté — que c'est leur devoir.

» Mais en payant d'objections gracieuses l'homme qui met au service de son pays vingt années d'études et vingt mille francs de dépenses, M. X ôte à la chose publique un serviteur dévoué. Et, voyant la réfutation appuyée sur une thèse inexacte, l'homme bien élevé, trop délicat pour blâmer, trop fier pour insister, cesse ses efforts et abandonne les fabricants qui espéraient en lui. [1]

» Voici, d'un autre côté, un hardi industriel qui entre en lice avec les Anglais et les Américains, pour nous procurer une nouvelle branche d'exportation.

» Après dix années de lutte et soixante mille francs de sacrifices, il annonce à l'Administration qu'une puissante nation, amie de la France, nous offre des immunités, à condition d'importer chez elle le nouveau produit. Et M. Y en comprend si peu l'importance, que le visiteur, susceptible autant qu'indépendant, refuse incontinent l'entrevue qui lui est offerte, dans un intérêt essentiellement français, avec un des plus puissants monarques du globe! [2]

» A son tour, M. Z reçoit l'avis qu'un patriotique citoyen n'a pas craint de consacrer plusieurs années et plusieurs milliers de francs au perfectionnement d'une denrée de première nécessité. — Pourquoi? — Parce que ce progrès émane d'un estimable ouvrier de campagne, l'un de ceux « qui » ont leur mérite dans le cœur et non dans la bouche. [3] »

[1] Paris 1867. *Chambre des Fabricants, centrale dans la capitale, départementale en province; à la place des Conseils, Comités, Syndicats, etc., qui n'ont jamais su nous créer des débouchés nouveaux.*

[2] Poissy 1869. *Exportation de Constructions habitables, à l'instar de celles envoyées de France à Saint-Thomas.*

[3] Sarreguemines 1870. *Panification du gluten frais, cherchée en vain pendant un demi-siècle, de 1810 à 1860.*

» Croiriez-vous, Excellence, que M. Z a oublié d'accuser réception de la missive? Et il s'agissait de pain!

*
* *

» Il est vrai que tout cela s'est passé avant votre entrée au Ministère. Mais les impressions restent et portent parfois des fruits amers.

» Admettons qu'il y ait en ce moment, en France, des. citoyens d'un vaste continent transatlantique, prêts à étudier les moyens de faire avec nous d'importants échanges; admettons qu'ils s'adressent, à cet effet, à l'un des susdits évincés. Grâce au système de Messieurs vos prédécesseurs, il y aurait forte présomption qu'on n'en parlerait pas au Gouvernement.

» C'est pourquoi je prends la liberté d'en dire ces quelques mots au Ministre.

» L'esprit éclairé qui guide Votre Excellence, l'amour de la patrie qui l'anime, me font espérer qu'au Ministère du commerce, comme ailleurs, dans notre malheureux pays, la tradition impériale est finie.

*
* *

» Veuillez agréer, Monsieur le Ministre, l'expression sincère du respectueux dévouement avec lequel j'ai l'honneur d'être,

» De Votre Excellence,

» Le très-humble Serviteur. »

A. B.

du 137ᵉ Sédentaire.

IMP. CENTRALE DES CHEMINS DE FER.— A. CHAIX ET Cᵒ.— RUE BERGÈRE, 20, A PARIS.—734-1.

www.ingramcontent.com/pod-product-compliance
Lightning Source LLC
Chambersburg PA
CBHW051330060726
47596CB00004B/1552